Theresa Marrama

Our greatest weakness lies in giving up. The most certain way to succeed is always to try just one more time.
— Thomas A. Edison

TABLE DES MATIÈRES

ACKNOWLEDGMENTS

A big **MERCI BEAUCOUP** to the following people: Jennifer Degenhardt, Wendy Pennett, Françoise Piron, and Pamela Gick Vasquez.

Not only did all of you provide great feedback but your support and encouragement were amazing while writing this novel.

Chapitre 1
Rhumus

Ceci est l'histoire de Rhumus. Rhumus est un rat. Rhumus a 2 ans. Rhumus n'est pas de la **même**[1] couleur que les autres rats. Rhumus est blanc et il a les yeux rouges. Rhumus n'est pas comme les autres rats. Il est très intelligent. Il **sait écrire**[2]. Il **sait lire**[3]. Ses parents ne sont pas comme les autres rats. Son père sait lire et écrire. Sa mère sait aussi lire et écrire.

---

[1] **même** - same
[2] **sait écrire** - knows how to write
[3] **sait lire** - knows how to read

Rhumus habite en France. Il habite à Paris. Oui, Paris ! Il habite à Paris, la capitale de la France. Paris est dans le **nord**[4] de la France. Paris est une ville très célèbre.

---

[4] **nord -** north

Il y a beaucoup de touristes à Paris. Les touristes aiment Paris parce qu'il y a beaucoup de sites touristiques. Il y a beaucoup de rats à Paris aussi. Les touristes n'aiment pas les rats. Les personnes qui habitent à Paris n'aiment pas les rats **non plus**[5].

---

[5] **non plus** - either

Chapitre 2
Un grand bruit[6]

À Paris, il y a **tout un monde**[7] sous les rues. Beaucoup de petits animaux habitent sous les rues de Paris. Il y a beaucoup de rats qui habitent sous les rues de Paris. Rhumus habite sous les rues de Paris avec sa famille. Dans sa famille, il y a sa mère et son père.

Il est 10h00 du matin. Il y a beaucoup de bruit à Paris. Il y a beaucoup de touristes. Tout le monde

---

[6] **bruit** - noise
[7] **tout un monde** - an entire world

veut visiter Paris. Tout le monde veut visiter **la Ville Lumière**[8].

Rhumus est sous une rue de Paris avec sa famille et les autres rats. Les rats **entendent**[9] beaucoup de bruit **tout le temps**[10]. Beaucoup de bruit, c'est normal pour les rats. Mais soudain, il y a un grand bruit. C'est un grand bruit horrible ! C'est une explosion ! Rhumus se couvre les oreilles. Il n'aime pas ce bruit. Ce bruit n'est pas normal. Ce bruit **lui fait mal aux oreilles**[11].

---

[8] **la Ville Lumière** - the City of Light
[9] **entendent** - hear
[10] **tout le temps** - all the time
[11] **lui fait mal aux oreilles** - hurts his ears

Tous les rats entendent le grand bruit horrible. Rhumus ne comprend pas. Il regarde son père et lui dit :

— J'ai mal aux oreilles ! Quel est ce bruit papa ? C'est horrible ! J'ai mal aux oreilles !

Son père regarde Rhumus avec de grands yeux. Son père regarde la mère de Rhumus avec de grands yeux. Il ne comprend pas.

— C'est une explosion ! répond son papa.

Son père **a peur**[12]. Rhumus aussi a peur. Son père lui explique :

— Rhumus, je pense que tous les rats sont en danger ! C'est une grande explosion !   COURS,   RHUMUS ! COURS !

Mais, à ce moment, Rhumus a un problème. Il **n'entend rien**[13]. Il regarde son père. Il voit son père parler, mais il n'entend pas son père. Il regarde derrière lui. Tous les rats courent. Il **se**

---

[12] **a peur -** is afraid
[13] **n'entend rien -** doesn't hear anything

retourne[14] vers son père et sa mère, mais ils ne sont pas là.

Où sont mes parents ? se demande Rhumus.

Il y a beaucoup de rats qui courent. Rhumus regarde devant lui. Rhumus regarde **à droite**[15]. Rhumus regarde **à gauche**[16]. Rhumus regarde les autres rats. Il voit toutes les familles de rats qui courent, mais il ne voit pas sa famille.

---

[14] **se retourne** - turns
[15] **à droite** - to the right
[16] **à gauche** - to the left

Où est ma famille ? se demande Rhumus.

— Maman ! Papa ! crie Rhumus.

Tout le monde court. Tous les rats courent rapidement. Mais pas Rhumus. Rhumus ne court pas. Rhumus n'entend rien. Rhumus a peur. Après le grand bruit, Rhumus n'entend rien du tout. Après l'explosion, Rhumus est **sourd**[17].

Quel est le problème ? Pourquoi est-ce que je n'entends rien ? Et surtout,

---

[17] **sourd -** deaf

où est ma famille ? se demande
Rhumus.

Chapitre 3
« Où est ma famille ? »

Rhumus n'est pas content après l'explosion. Rhumus est **seul**[18]. Il est triste. Il est triste parce qu'il ne sait pas où est sa famille. Il est frustré aussi. Il est très frustré parce qu'il n'entend rien. Il est **toujours**[19] sourd.

Rhumus veut trouver sa famille. Rhumus ne veut pas **être**[20] seul. Il veut être avec sa maman et son papa.

---

[18] **seul** - alone
[19] **toujours** - still
[20] **être** - to be

Je veux retrouver ma famille. J'ai peur quand je suis seul et je ne veux pas être seul, se dit Rhumus.

Rhumus sait lire. Il cherche **un plan**[21] de Paris dans la rue. Il y a beaucoup de plans touristiques dans les rues de Paris. Il regarde le plan de Paris, la capitale de la France. Il regarde le plan et il se demande :

Où est ma famille ? Est-ce que je vais retrouver ma famille ?

---

[21] **un plan** - a map

Chapitre 4
Rhumus cherche sa famille

Rhumus examine le plan de Paris. Il n'y a personne dans la rue. Il n'y a pas de rats dans la rue non plus.

C'est bizarre. Normalement, il y a beaucoup de **gens**[22] à Paris. C'est une ville avec beaucoup d'activités. Il y a beaucoup de gens qui mangent dans les cafés. Il y a beaucoup de touristes qui visitent les sites touristiques. Il y a

---

[22] **gens** - people

beaucoup de rats qui courent dans les rues.

Rhumus a peur. Il est seul. Il ne comprend pas où sont tous les autres rats. Il est toujours sourd. Il n'entend rien. Il veut retrouver ses parents.

Rhumus regarde le plan. Il voit la rue où il **se trouve**[23]. Il choisit une route pour chercher ses parents. Il marche et marche en silence. Il marche en silence parce qu'il est seul. Et il marche en silence parce qu'il est sourd !

___

[23] **se trouve -** is located

Il fait nuit[24] à Paris. Normalement, tout est noir pendant la nuit, mais pas à Paris. Paris est la Ville Lumière. C'est la Ville Lumière parce qu'il y a beaucoup de lumières le soir.

Rhumus marche pendant longtemps. Finalement, il voit un grand objet **au loin**[25]. Il voit une grande lumière. Il marche vers la grande lumière.

---

[24] **Il fait nuit -** It is night time
[25] **au loin -** in the distance

Chapitre 5
Sous la Tour Eiffel

À Paris, il y a une tour extraordinaire. C'est une très grande tour qui est très très célèbre. Tout le monde veut voir la tour à Paris. Il y a plus de 7 millions de touristes qui visitent la tour **chaque année**[26]. La tour s'appelle la Tour Eiffel. La Tour Eiffel est l'un des monuments les plus visités au monde. C'est le symbole de Paris !

---

[26] **chaque année -** each year

Rhumus marche sous la Tour Eiffel. Il marche sous la Tour Eiffel pour chercher sa famille. Il y a beaucoup de rats qui habitent sous la Tour Eiffel.

Est-ce que ma famille est sous la Tour Eiffel ? se demande Rhumus.

Rhumus marche sous la Tour Eiffel. Il la regarde.

Elle est **haute**[27]*! Non, elle est très haute !* se dit Rhumus.

---

[27] **haute** - high

Il cherche sa famille partout. Il ne
voit pas sa famille. Il ne voit pas d'autres

rats non plus. C'est bizarre !

Où est ma famille ? Est-ce que ma famille me cherche ? se demande Rhumus.

Pourquoi est-ce que je ne peux pas retrouver ma famille ? Et où sont tous les autres rats ? se demande Rhumus tristement.

Rhumus réfléchit. Il voit **un bout de papier**[28] **par terre**[29]. Il a une idée.

---

[28] **un bout de papier** - a scrap of paper
[29] **par terre** - on the ground

Il va écrire un message. Il écrit un message pour sa famille sur le papier.

Il écrit :

Chère famille,

Je vous cherche partout à Paris. Je suis à la Tour Eiffel. Après, je vais aller au musée du Louvre. Retrouvez-moi !

Rhumus

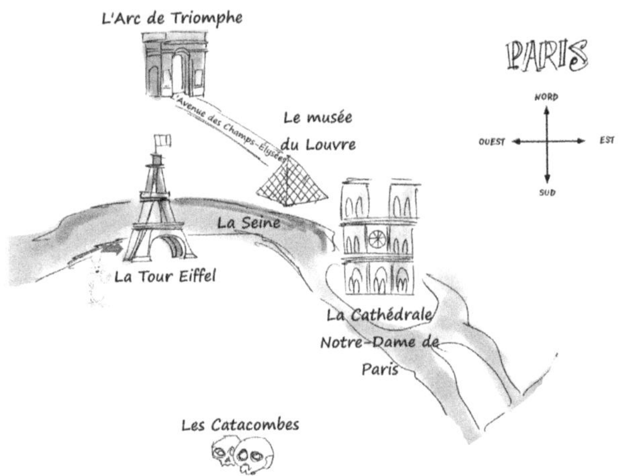

Chapitre 6
Devant la grande pyramide

À Paris, il y a un musée extraordinaire. C'est un immense musée qui est très très célèbre.

Tout le monde veut visiter ce musée à Paris. Il y a plus de 9 millions de touristes qui visitent le musée chaque année. Le musée s'appelle Le Louvre. Le Louvre est l'un des musées les plus visités au monde.

Rhumus examine le plan pour trouver le musée. Il va au musée du

Louvre. Il va au musée du Louvre parce qu'il veut retrouver sa famille. Il y a beaucoup de rats qui habitent sous les rues près du musée.

Il marche autour de la grande pyramide devant le Louvre. Il ne voit pas sa famille. Il ne voit pas d'autres rats.

Est-ce que ma famille est près du Louvre ? Est-ce que ma famille me cherche ? se demande Rhumus nerveusement.

Rhumus arrive près du musée. Il le regarde.

Il est très grand... non, il est immense ! Ce musée ressemble à un château ! pense Rhumus.

Il cherche sa famille partout. C'est bizarre, il ne voit pas d'autres rats devant la pyramide. Il ne voit pas sa famille non plus.

Où est ma famille ? se demande Rhumus.

Pourquoi est-ce que je ne peux pas retrouver ma famille ? Et... Pourquoi est-ce qu'il n'y a pas d'autres rats ? se demande Rhumus tristement.

Rhumus réfléchit longtemps. Finalement, il a une idée. Il peut écrire un autre message. Il écrit un message pour sa famille sur un bout de papier.

Il écrit :

Chère famille,

Je vous cherche partout à Paris.
J'ai cherché[30] *sous la Tour Eiffel. J'ai cherché à la pyramide devant le musée du Louvre. Je vais aller à l'Arc de Triomphe. Si vous trouvez ce papier, retrouvez-moi là-bas !*

Je vous aime,

Rhumus

---

[30] **J'ai cherché -** I searched

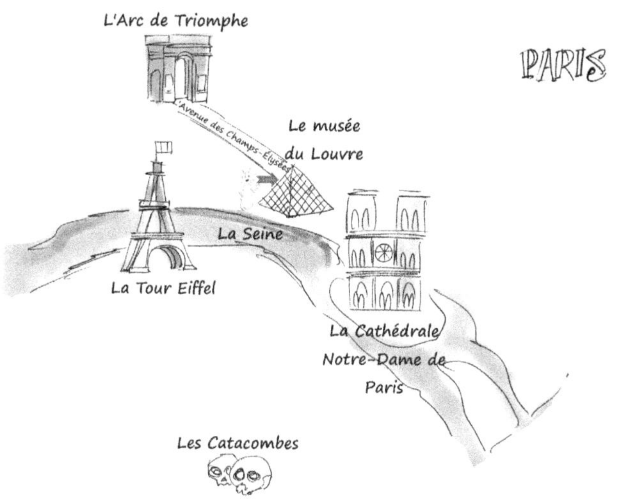

L'Arc de Triomphe
PARIS
L'Avenue des Champs-Élysées
Le musée du Louvre
La Seine
La Tour Eiffel
La Cathédrale Notre-Dame de Paris
Les Catacombes

Chapitre 7
Sous l'Arc de Triomphe

À Paris, il y a un arc extraordinaire. C'est un arc très très célèbre.

Tout le monde veut visiter cet arc à Paris. Il y a plus de 1,5 millions de touristes qui visitent l'arc chaque année. L'arc s'appelle L'Arc de Triomphe. L'Arc de Triomphe est un monument très célèbre à Paris. Il y a 12 rues autour de l'Arc de Triomphe.

Rhumus examine le plan pour trouver l'Arc de Triomphe. Il va à l'Arc de Triomphe. Il va à l'Arc de Triomphe parce qu'il veut retrouver sa famille. Il y a beaucoup de rats qui habitent sous les rues près de l'arc.

Il marche sous le grand arc. Il ne voit pas sa famille. Il ne voit pas d'autres rats. Il voit beaucoup de touristes, mais il ne veut pas voir des touristes. Il veut retrouver sa famille.

Est-ce que ma famille est en danger ? Est-ce que ma famille me cherche ? se demande Rhumus nerveusement.

Rhumus marche autour de l'arc. Il le regarde.

L'arc est très haut. Il y a beaucoup de sculptures sur l'arc. Il marche sous l'arc. Il y a beaucoup de noms **gravés dans la pierre**[31] de l'arc.

Pourquoi est-ce qu'il y a beaucoup de noms sur la pierre de cet arc? se demande Rhumus.

Il cherche sa famille partout. C'est bizarre, il ne voit pas d'autres rats. Il ne voit pas sa famille.

---

[31] **gravés dans la pierre** - engraved in the stone

Où est ma famille ? se demande
Rhumus.

*Pourquoi est-ce que je ne peux pas
retrouver ma famille ? Et... Pourquoi
est-ce qu'il n'y a pas d'autres rats ?* se
demande Rhumus.

Rhumus est nerveux. Il n'entend
toujours rien. Il est sourd. Et il veut
vraiment[32] retrouver sa famille.

Il écrit un autre message pour sa
famille sur un bout de papier.

---

[32] **vraiment** - really

Il écrit :

Chère famille,

Je vous cherche à Paris. J'ai cherché sous la Tour Eiffel. J'ai cherché à la pyramide devant le musée du Louvre. J'ai cherché autour de l'Arc de Triomphe. J'ai cherché sous l'Arc de Triomphe. Je vais continuer vers la Seine. Si vous trouvez ce papier, retrouvez-moi là-bas !

Je vous aime,

Rhumus

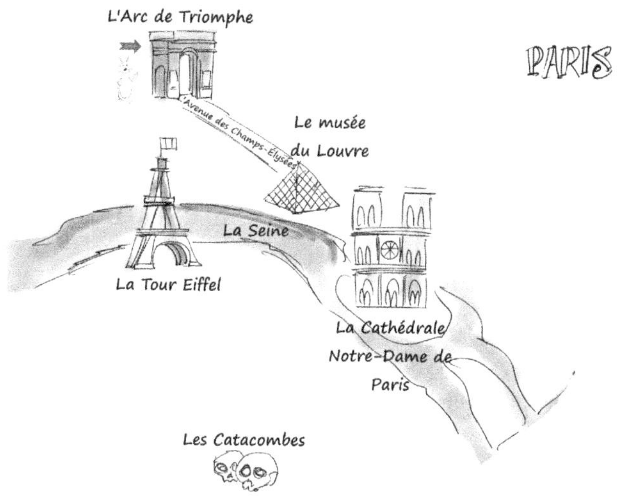

L'Arc de Triomphe
PARIS
L'Avenue des Champs-Élysées
Le musée du Louvre
La Seine
La Tour Eiffel
La Cathédrale Notre-Dame de Paris
Les Catacombes

Chapitre 8
Près de la Seine

À Paris, il y a **un fleuve**[33] qui **divise**[34] la ville en deux. C'est un fleuve très très célèbre.

Tout le monde veut voir la Seine à Paris. Il y a beaucoup de touristes qui vont sur le fleuve en **bateau-mouche**[35] chaque année. Le fleuve s'appelle la Seine.

---

[33] **un fleuve** - a river that flows into a sea or ocean
[34] **divise** - divides
[35] **bateau-mouche** - open excursion boat that provide visitors with a view of the city from along the river Seine

Rhumus examine le plan de Paris. Il cherche la Seine à Paris. Rhumus marche en direction de la Seine. Il marche vers la Seine pour chercher sa famille. Normalement, il y a beaucoup de rats qui marchent près du fleuve.

Quand il arrive près de la Seine, il cherche sa famille, mais il ne voit pas sa famille. Il ne voit pas d'autres rats non plus.

Pourquoi est-ce que je ne peux pas trouver ma famille ? Est-ce que ma famille me cherche ? Ils sont en danger ? se demande Rhumus, qui est très nerveux.

Rhumus marche **le long du fleuve**[36]. Il le regarde.

---

[36] **le long du fleuve** - along the river

Le fleuve est très long. Il y a beaucoup de **bateaux**[37] sur le fleuve.

Rhumus cherche sa famille partout. C'est bizarre, il ne voit pas d'autres rats. Il ne voit pas sa famille.

Où est ma famille ? Pourquoi est-ce que je ne peux pas retrouver ma famille ? Et... Pourquoi est-ce qu'il n'y a pas d'autres rats ? se demande Rhumus.

Rhumus est nerveux. Il veut retrouver sa famille.

---

[37] **bateaux** - boats

Il écrit un autre message pour sa famille sur un bout de papier.

Chère famille,

Je vous cherche à Paris. J'ai cherché sous la Tour Eiffel. J'ai cherché à la pyramide devant le musée du Louvre. J'ai cherché autour de l'Arc de Triomphe. J'ai cherché sous l'Arc de Triomphe. J'ai cherché à côté de la Seine. Je vais aller derrière la cathédrale. Si vous trouvez ce papier, retrouvez-moi là-bas !

Je vous aime,

Rhumus

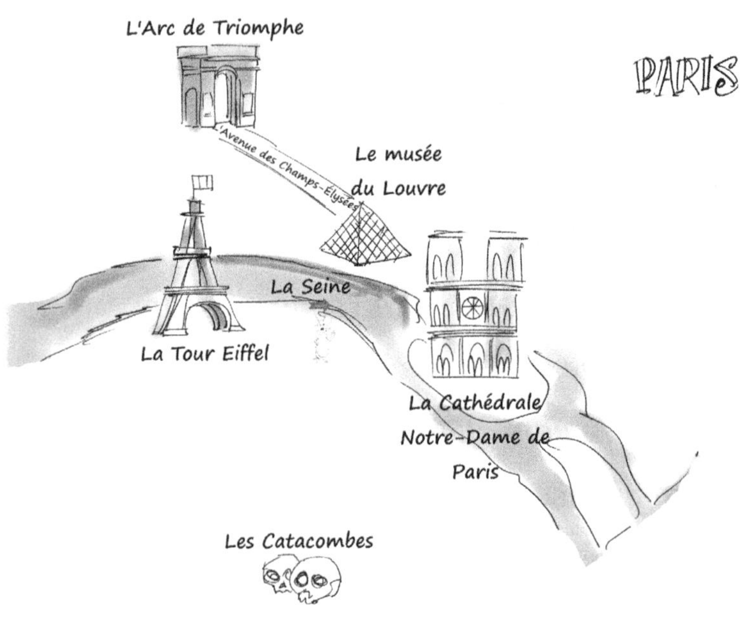

PARIS
L'Arc de Triomphe
L'Avenue des Champs-Élysées
Le musée du Louvre
La Seine
La Tour Eiffel
La Cathédrale Notre-Dame de Paris
Les Catacombes

Chapitre 9
Derrière la cathédrale

À Paris, il y a une cathédrale très ancienne et très très célèbre.

Tout le monde veut visiter cette cathédrale à Paris. Il y a plus de 13 millions de touristes qui visitent la cathédrale chaque année. La cathédrale s'appelle la cathédrale Notre-Dame de Paris.

Rhumus examine le plan de Paris. Il cherche la célèbre cathédrale.

Rhumus va à la cathédrale. Il marche vers la cathédrale pour chercher sa famille. Il y a beaucoup de rats qui habitent derrière la cathédrale.

Il arrive derrière la cathédrale. Il cherche sa famille, mais il ne voit pas sa famille. Il ne voit pas d'autres rats non plus.

Pourquoi est-ce que je ne peux pas retrouver ma famille ? Est-ce que ma famille me cherche ? Sont-ils en danger ? se demande Rhumus, qui est toujours très nerveux.

Rhumus est très triste. Il **commence à pleurer**[38]. Il ne veut pas être seul. Il est toujours sourd. Il n'entend rien. Il regarde autour de lui et, soudain, il voit un animal. C'est un petit animal.

---

[38] **commence à pleurer** - starts to cry

Est-ce que cet animal est un rat ? se demande Rhumus.

L'animal marche **lentement**[39] vers Rhumus. Une seconde **plus tard**[40], Rhumus voit l'animal. Ce n'est pas un rat. Ce n'est pas un petit animal ! C'est un chat ! C'est un très **gros**[41] chat ! Rhumus est nerveux. Rhumus a peur.

Oh non, un chat ! Les chats détestent les rats. Les chats attaquent les rats ! se dit Rhumus.

---

[39] **lentement** - slowly
[40] **plus tard** - later
[41] **gros** - large

Rhumus court dans l'autre direction. Il court **rapidement**[42].

---

[42] **rapidement** - fast

Finalement, il regarde derrière lui. Il ne voit pas le chat. À ce moment, il décide d'écrire un autre message à sa famille.

Chère famille,

Je vous cherche à Paris. J'ai cherché sous la Tour Eiffel. J'ai cherché à la pyramide devant le musée du Louvre. J'ai cherché autour de l'Arc de Triomphe. J'ai cherché sous l'Arc de Triomphe. J'ai cherché à côté de la Seine aussi. J'ai cherché derrière la cathédrale Notre-Dame.

Je veux simplement retrouver ma famille ! Je vais chercher sous les rues dans les catacombes. J'ai peur de chercher dans les catacombes. Je ne veux pas chercher dans les catacombes, mais je veux vous retrouver... Si vous trouvez ce papier, retrouvez-moi !

Je vous aime,

Rhumus

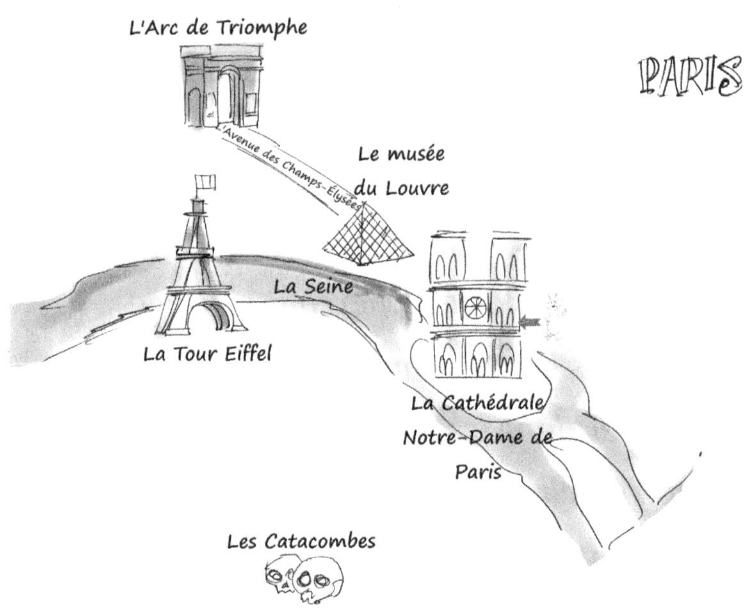

Chapitre 10
Dans les catacombes

À Paris, il y a un cimetière extraordinaire. C'est un cimetière spécial. C'est un cimetière célèbre. C'est un cimetière **souterrain**[43].

Tout le monde veut visiter ce cimetière à Paris. Il y a plus de 5 millions de touristes qui visitent le cimetière chaque année. Le cimetière s'appelle les catacombes.

---

[43] **souterrain -** underground

Rhumus examine le plan de Paris. Il cherche le célèbre cimetière. Rhumus marche en direction des catacombes. Il veut vraiment retrouver sa famille. Il y a beaucoup de rats qui habitent dans les catacombes.

Il arrive à l'entrée des catacombes. Il **descend**[44] lentement dans les catacombes. Il a peur. Il a vraiment peur. Il regarde à droite. Il regarde à gauche. Il regarde derrière lui. Il regarde devant lui.

---

[44] **descend** - goes down

Je déteste les catacombes. Je ne veux pas marcher seul dans les catacombes, se dit Rhumus très nerveux.

Est-ce que ma famille voit mes messages ? se demande Rhumus.

Rhumus a peur. Il marche lentement quand **soudain**[45], il voit un bout de papier par terre. Il regarde le papier. C'est un message. Il regarde le message.

---

[45] **soudain** - suddenly

Rhumus,

*Nous te cherchons partout à Paris. **Il y a eu**[46] une grande explosion pour exterminer tous les rats de Paris. Nous **avons cherché**[47] dans les catacombes. Après, ta mère et moi, nous allons te chercher à la cathédrale Notre-Dame. Si tu trouves ce message, va à la cathédrale !*

Nous t'aimons,

Ton papa et ta maman

---

[46] **il y a eu** - there was
[47] **avons cherché** - searched

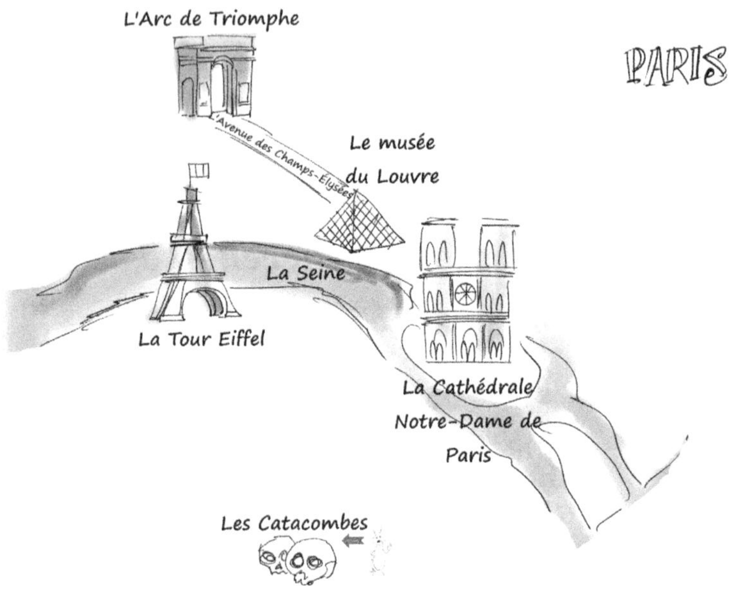

Un message de mes parents ! Ils ne sont pas en danger ! Ils sont à la cathédrale. Ils me cherchent ! se dit Rhumus très content.

Il court. Il court rapidement à la cathédrale. Finalement, il arrive devant la cathédrale quand soudain, il voit la silhouette d'un animal. Rhumus comprend immédiatement que c'est le chat. C'est le même chat qui **a couru**[48] derrière lui.

Il regarde le chat et il court rapidement derrière la cathédrale. À ce moment, il voit un autre rat. Le rat court vers Rhumus.

---

[48] **a couru** - ran

— PAPA ! Finalement ! Je t'ai retrouvé ! Cours ! Il y a un chat **là-bas**[49] ! C'est un gros chat !

Rhumus court avec son père. Le chat court derrière **eux**[50]. Oui, le chat court derrière eux. Mais... **pour la première fois depuis**[51] l'explosion, Rhumus n'a pas peur.

---

[49] **là-bas** - over there
[50] **eux** - them
[51] **pour la première fois depuis** - for the first time since

Chapitre 11
Sur l'avenue des Champs-Élysées

À Paris, il y a une très longue avenue qui est très très célèbre.

Tout le monde veut voir cette avenue à Paris. Il y a beaucoup de **lampadaires**[52] le long de l'avenue. L'avenue s'appelle les Champs-Élysées.

Rhumus court rapidement. Rhumus regarde son père qui court rapidement aussi. Ils passent par le

---

[52] **lampadaires** - street lamps

Louvre. Ils courent le long de la Seine. Ils passent par la Place de la Concorde. Rhumus regarde derrière lui. Il ne voit pas le chat. Rhumus regarde son père et crie :

— Papa, je ne vois pas le chat !

Son père regarde derrière lui. Il ne voit pas le chat non plus. Les deux rats **arrêtent de courir**[53].

— Rhumus, ça va ? demande son père.

---

[53] **arrêtent de courir** - stop running

Rhumus ne répond pas. Il **montre du doigt**[54] ses oreilles. Son papa comprend que Rhumus est toujours sourd, qu'il n'entend rien. Il embrasse Rhumus. Il écrit sur un bout de papier.

Rhumus,

Ta mère est sur l'avenue des Champs-Élysées. Elle veut te voir.

---

[54] **montre du doigt -** points to

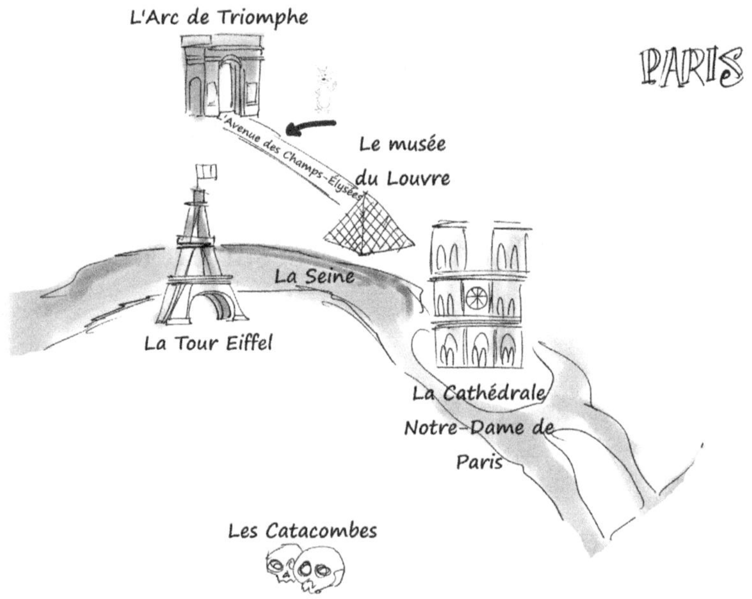

Rhumus marche avec son papa en direction de l'avenue des Champs-Élysées. Soudain, il voit sa maman à côté d'un lampadaire. Elle court immédiatement vers Rhumus. Elle

l'embrasse. Elle est contente et Rhumus
est aussi très content.

Rhumus dit :

— **Je vous ai recherché**[55] partout à Paris. **J'ai regardé**[56] le plan et **j'ai visité**[57] tous les sites touristiques pour vous retrouver. **J'ai trouvé**[58] votre message dans les catacombes ! Je suis sourd depuis l'explosion, explique Rhumus.

Sa mère écrit un message pour Rhumus parce qu'il ne peut pas entendre. Mais il peut lire.

---

[55] **Je vous ai recherché** - I searched for you
[56] **J'ai regardé** - I looked at
[57] **J'ai visité** - I visited
[58] **J'ai trouvé** - I found

*Oui, l'explosion t'a fait mal aux oreilles. Mais **tu vas de nouveau entendre**[59] Rhumus. C'est juste une situation temporaire. **Tu vas bien aller**[60] ! **Nous sommes ensemble**[61] ! Les rats sont en danger à Paris, mais les rats sont forts quand ils sont ensemble. Nous sommes ensemble et tout va bien aller !*

---

[59] **tu vas de nouveau entendre** - you are going to hear again
[60] **Tu vas bien aller** - You are going to be ok
[61] **Nous sommes ensemble** - We are together

Glossaire

A

a - has
à - at; to
activités - activities
adorent - adore
ai - have
aime - like, likes
aiment - like
aimons - like
aller - to go
allons - go
ancienne - ancient
animal - animal
animaux - animals
année - year
ans - years (old)
s'appelle - is called
s'appellent - are called
après - after
arc - arch
arrêtent - stop

arrive - arrives
attaquent - attack
au - to the, at the
aussi - also
autour - around
autre - another
autres - others
aux - to the, at the
avec - with
avenue - avenue
avons - have

B

bateau - boat
bateaux - boats
beaucoup - a lot
bien - well
bizarre - strange
blanc - white
bout - scrap
bruit - noise

C

cafés - cafes
capitale - capital
cathédrale - cathedral
ce - this
ceci - this
célèbre - famous
c'est - it is
cet - this
cette - this
chapitre - chapter
chaque - each
chat(s) - cat(s)
château - castle
cher - dear
cherche - searches
cherchent - search for
chercher - to search (for)
cherchons - search
cherché - searched
choisit - chooses
cimetière - cemetery

comme - like
commence - starts
comprend - understands
content(e) - happy
continuer - to continue
couleur - color
courent - run
courir - to run
cours - run
court - runs
couru - ran
couvre - covers
crie - yells

D

danger - danger
dans - in
d'autres - any other
de - of
demande - asks
 se demande - wonders
depuis - since

derrière - behind
des - from
descend - goes down
déteste - hates
détestent - hate
deux - two
devant - in front of
direction - direction
dit - says
divise - divides
à droite - to the right
du - from

E

écrire - to write
écrit - writes
elle - she
embrasse - hugs
en - in
énorme - enormous
ensemble - together
entend - hears
entendent - they hear
entendre - to hear
entends - hear
entrée - entrance
est - is
est-ce que - is it that
et - and
être - to be
eux - them
examine - examines
explique - explains
explosion - explosion
exterminer - to exterminate
extraordinaire - extraorinary

F

fait - does
famille - family
familles - families

finalement -
   finally
fleuve - river
fois - time
forts - loud
frustré - frustrated

G

à gauche - to the
   left
gens - people
grand(e) - big
grands - big
gravés - engraved
gros - large

H

habite - lives
habitent - live
haut - high
histoire - story
horrible - horrible

I

idée - idea
il - he

il y a - there is;
   there are
ils - they
immense -
   immense
immédiatement -
   immediately
intelligent - smart

J

j' - I
je - I
juste - just

L

l' - the
la - the
lampadaire(s) -
   street lamp(s)
le - the
lentement - slowly
les - the
lire - to read
loin - far
longtemps - (for
   a) long time

longue - long
lui - to him
lumière(s) -
  light(s)

M

m' - me
ma - my
mais - but
mal - hurt
maman - mom
mangent - eat
marche - walks
marcher - to walk
matin - morning
me - me
mes - my
message(s) -
  message(s)
millions - million
moi - me
moment - moment
monde - world
  tout le monde -
  everyone

monument(s) -
  monument(s)
musée(s) -
  museum(s)

N

n'...pas - not ; does
  not
ne...pas - not ;
  does not
nerveusement -
  nervously
nerveux - nervous
noir - black
noms - names
non - no
nord - north
normal - normal
normalement -
  normally
notre - our
nous - we
nuit - night

O

objet - object

oreilles - ears
oui - yes

P

papa - dad
papier - paper
parce que -
  because
parents - parents
parler - to talk
par terre - on the
  ground
partout -
  everywhere
passent - pass
pendant - during
pense - thinks
personne - no one
personnes -
  people
petit(s) - small
pcur - fear
peut - can
peux - can
photo - photo
pleurer - to cry

plus - more; most
  non plus - either
  plus tard - later
pour - for
pourquoi - why
première - first
prendre - to take
près - near
problème -
  problelm
(se) promènent -
  walk
pyramide -
  pyramid

Q

qu' - that
  est-ce qu' - is it
  that
  parce qu' -
  beacause
quand - when
que - than; that
quel - what
qui - who

R

rapidement - fast
rat(s) - rat(s)
réfléchit - thinks
regarde - looks at
regardé - looked at
répond - responds
ressemble - resembles
(se) retourne - turns
retrouvé - found
retrouver - to find
retrouvez - find
rien - nothing
rivière - river
rouges - red
rue(s) - street(s)

S

s'appelle - is called
s'appellent - are called
sa - his
sait - knows how

sculptures - sculptures
se couvre - covers
se demande - wonders
se dit - says to himself
se retourne - turns
se trouve - is located
seconde - second
ses - his
seul - alone
si - if
silence - silence
silhouette - silhouette
simplement - simply
sites - sites
situation - situation
soir - night
sommes - are
son - his
sont - are

soudain -
  suddenly
sourd - deaf
sous - under
souterrain -
  underground
spécial - special
suis - am
sur - on
surtout - especially
symbole - symbol

T

t' - you
ta - your
te - you
temporaire -
  temporary
temps - time
(par) terre - (on
  the) ground
ton - your
toujours - always
tour - tower
touristes - tourists

touristiques -
  tourist
tous - all
tout - all,
  everything
tout le monde -
  everyone
tout le temps -
  all the time
tout un monde -
  an entire world
toutes - all
très - very
triste - sad
tristement - sadly
trouve - find
trouvé - found
trouver - to find
trouves - find
trouvez - find
tu - you

U

un - a, an
une - a, an

V

va - goes
vais - go
vas - go
vers - toward
veut - wants
veux - want
ville - city
visité - visited
visitent - visit
visiter - to visit
visités - visited
voir - to see
vois - see
voit - sees
vont - go
votre - your
vous - you
vraiment - really

Y

y - there
  il y a - there is,
  there are
yeux - eyes

ABOUT THE AUTHOR

Theresa Marrama is a French teacher in northern New York. She has been teaching French to middle and high school students since 2007. She has is also the author of many language learner novels and has also translated a variety of Spanish comprehensible readers into French. She enjoys teaching with Comprehensible Input and writing comprehensible stories for language learners.

HER BOOKS INCLUDE:
Une Obsession dangereuse, which can be purchased at www.fluencymatters.com

HER FRENCH BOOKS ON AMAZON INCLUDE:
Une disparition mystérieuse
L'île au trésor:
Première partie: La malédiction de l'île Oak
L'île au trésor:
Deuxième partie: La découverte d'un secret
La lettre
Léo et Anton
La Maison du 13 rue Verdon
Mystère au Louvre
Perdue dans les catacombes
Les chaussettes de Tito
L'accident

Kobe - Naissance d'une légende
Kobe - Naissance d'une légende (au passé)
Le Château de Chambord : Première partie : Secrets
d'une famille
Zeinixx
La leçon de chocolat
Un secret de famille

HER SPANISH BOOKS ON AMAZON INCLUDE:
La ofrenda de Sofía
Una desaparición misteriosa
Luis y Antonio
La Carta
La casa en la calle Verdón
La isla del tesoro:Primera parte: La maldición de la isla
Oak
La isla del tesoro: Segunda parte: El descubrimiento de
un secreto
Misterio en el museo
Los calcetines de Naby
El accidente
Kobe - El nacimiento de una leyenda (en tiempo
presente)
Kobe - El nacimiento de una leyenda (en tiempo pasado)
La lección del chocolate
Un secreto de familia
Rhumus en Madrid

HER GERMAN BOOKS ON AMAZON INCLUDE:
Leona und Anna
Geräusche im Wald
Der Brief
Nachts im Museum

Die Stutzen von Tito
Der Unfall
Kobe - Geburt einer Legende
Kobe - Geburt einer Legende (Past Tense)
Das Haus Nummer 13
Schokolade
Avas Tagebuch
Rhumus in Berlin

HER ITALIAN BOOKS ON AMAZON INCLUDE:
Luigi e Antonio
I calzini di Naby
Rhumus a Roma

Check out her website for more resources and materials to accompany her books:
www.compellinglanguagecorner.com

Check out her Digital E-Books:
www.digilangua.co

Made in the USA
Monee, IL
24 May 2024

58889078R00049